パフィング・ビリイ鉄道

PBRの魅力

「狭軌鉄道」―― 線路の幅が狭いというだけで
鉄道がグッと身近かな存在になってくる。

「狭軌鉄道」の車輛は人間の背丈に近い　＊1
細い線路は等高線に逆らうことがない　＊2
そしてどこか懐かしく心和ませてくれる。

世界は広い。
いまも走っている「狭軌鉄道」がある
いまも 蒸気機関車の走る姿を見ることができる。

蒸気機関車の走る　世界の「狭軌鉄道」

＊1）線路幅が小さい分そこを走る車輛も小さい。だが、乗車する人間は小さくはできないから、車輛はどこかアンバランスな面白さがある。だから時には、客車の中では向き合って座るお客さん同士のヒザが触れたりして、ココロ和まされる。

＊2）トンネルや鉄橋で一直線に結ぶのでなく、自然に逆らうことなく等高線に沿いクネクネと曲がって進む線路は、どこか慎ましやかでココロ和まされる。

FIRE PATROL

12A
BD

豪州ヴィクトリア州では
鉄道網の一角を「狭軌鉄道」が担っていた
一度廃止になるも惜しむ声に押されて
１９６０年代には復活を果たす
朝の機関庫、３輛の蒸気機関車が煙を昇らせる
それはかつての佳き時代の情景をそのまま…
パフィング・ビリイ鉄道

いきなり最大の見せ場が訪れる
うっそうとした森の中からつづくのは
15スパンのティンバー・トレッスル
その絶景の中に登場する主役
勾配に挑みはじめる重連の蒸気機関車
なんという「狭軌鉄道」シーン
それを21世紀のいま見ることができる
生きている蒸気機関車の素晴しさをつくづく思う

パフィング・ビリイ鉄道

14A

深い森の中につづく狭い線路
線路の幅は2フィート6インチ（７６２mm）
新幹線（世界標軌）の半分ほど
20世紀の初頭に敷かれた線路
それをそのまま復活させて
１００年前につくられた蒸気機関車が全力で走る
地元はもとより世界中から
蒸機列車を楽しむために多くの人が訪れる
心和まされる「狭軌鉄道」

パフィング・ビリイ鉄道

客車の中からの歓声が聞こえてきそう
蒸気機関車に牽かれた「狭軌鉄道」列車の旅
思い出に残る一日になった

パフィング・ビリイ鉄道

14A

帰り道　ふたたびティンバー・トレッスルを渡れば
小さな蒸気機関車の旅は終わりが近い

それにしてもここはユートピア
当たり前のように蒸気機関車が走り
ありのままの「狭軌鉄道」情景を残している
どうかこのまま走りつづけて欲しい
そのためにも一度訪問し乗ってみなければ…

世界が注目の　**パフィング・ビリイ鉄道**

52 NBH

BD
PV 12-15 DW

パフィング・ビリイ鉄道

世界の狭軌鉄道 *03*

もくじ

PUFFING BILLY RAILWAY とは

パフィング・ビリイとは「湯気を噴くヤカン」というようなことから、英国ウィラム炭礦で1813年につくられた世界最古の機関車につけられた愛称。その愛称を冠するオーストラリア、メルボルン郊外のパフィング・ビリイ鉄道（PBR）は、その名の通り広く親しまれ、世界的にその名が知られている蒸機鉄道だ。1901年に開業し、1950年代にいったんは廃止されたものの、わずか10年足らずで甦った。以後、観光鉄道パフィング・ビリイ鉄道として、いまも年間25万人もの人々に蒸気機関車の魅力を提供している。

●オーストラリアの鉄道史

広大な土地に象徴されるオーストラリア。長く英国の植民地であったことはよく知られているが、オーストラリア南東部に位置するヴィクトリア植民地が成立したのは1851年7月1日のことだ。

そのオーストラリアの鉄道に関しては、1854年9月12日、メルボルン〜メルボルン港間にメルボルン・ベイ鉄道の開通が、オーストラリア初の蒸機鉄道であった。わが国の「汽笛一声」よりも20年ほど早い。その後、メルボルンを州都とするヴィクトリア州政府が、1856年5月にヴィクトリア州鉄道を組織。そこから本格的な鉄道網が急ピッチで構築されることになる。

ところで、オーストラリアの鉄道は州によってまちまちの発展のしかたをした。ひとつにその広い大地と人口密度の低さなどから、国全体をまとめることより先に、それぞれの州、地域単位で発展していった結果である。ゲージにしてみても州ごとに異なるといった風で、ヴィクトリア州は広軌にあたる広軌5フィート3インチ（1600mm）軌間が中心であった。これにはちょっとした裏話がある。

隣接するニュウサウス・ウェールズ州の鉄道技師長として赴任したのはアイルランド人であった。そこで、アイルランド鉄道の標準であった5フィート3インチ（1600mm）軌間を採用した。英国本国からの通達では標軌を採用するようにといわれていたにもかかわらず、それを無視していち早く英国に車

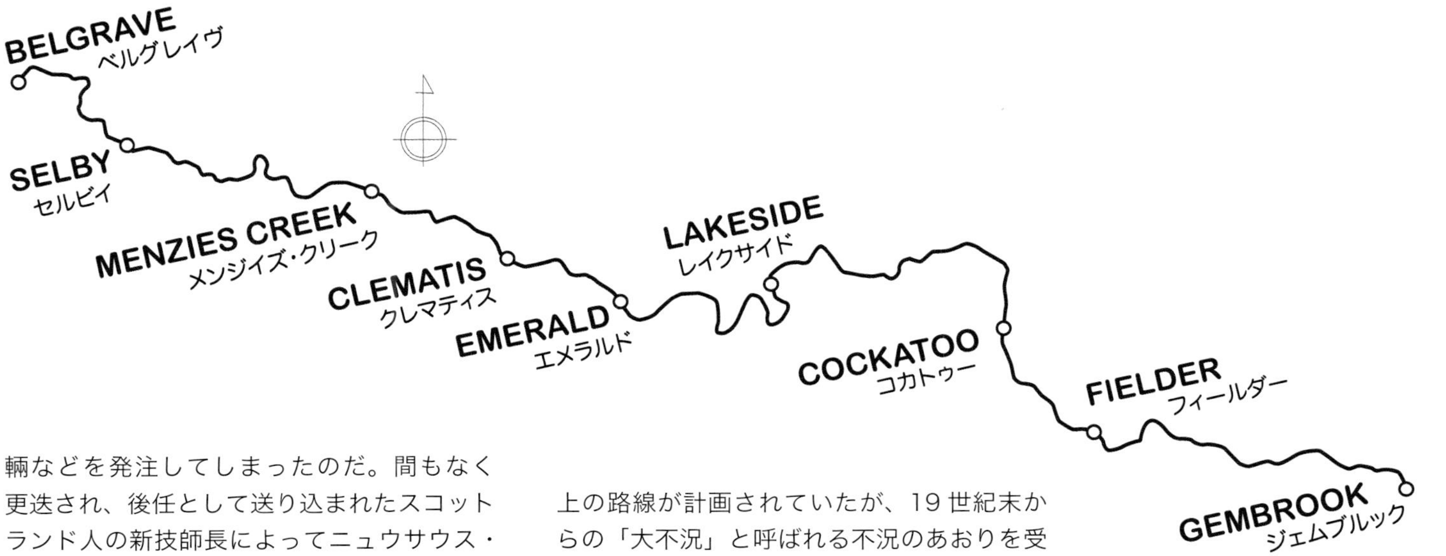

輌などを発注してしまったのだ。間もなく更迭され、後任として送り込まれたスコットランド人の新技師長によってニュウサウス・ウェールズ州自体は標軌（1435mm）を採用するのだが、先行して鉄道建設が進められていたヴィクトリア州は 1600mm 軌間で進んだというから面白い。

1880 年代後半にはヴィクトリア州に広軌の鉄道が着々と開通し、それは 1892 年まではメルボルンを中心とした 1800km を超える鉄道網を完成するまでになっていた。1888 年、メルボルンのニュウポートに州鉄道の鉄道工場が設立され、のちには数多くの機関車製造まで行なうようになった。

1895 年には 3120 マイル（約 5020km）の線路が開業し、4021 万人の乗客と 245 万 t の貨物輸送をしたという記録が残っている。それに引きつづいて、さらに 300km 以上の路線が計画されていたが、19 世紀末からの「大不況」と呼ばれる不況のあおりを受け、なかなか実現が難しくなっていた。

そのときに政府のとった施策はよりコストの掛からない狭軌路線で展開することであった。興味深いことに、当初は英国ウェールズでの鉄道発展のようすを見聞してそれを参考に、2 フィート（610mm）軌間で計画されていた、という。いくつかの紆余曲折ののち、ひと回り大きな 2 フィート 6 インチ（762mm）で実行されることになった。まだオーストラリアではせいぜい州単位の鉄道網であったために、たとえば南オーストラリア州などでは日本と同じ 3 フィート 6 インチ（1067mm）を採用していたが、それらとは関係なく、ヴィクトリア州では狭軌路線が発展することになったのだった。

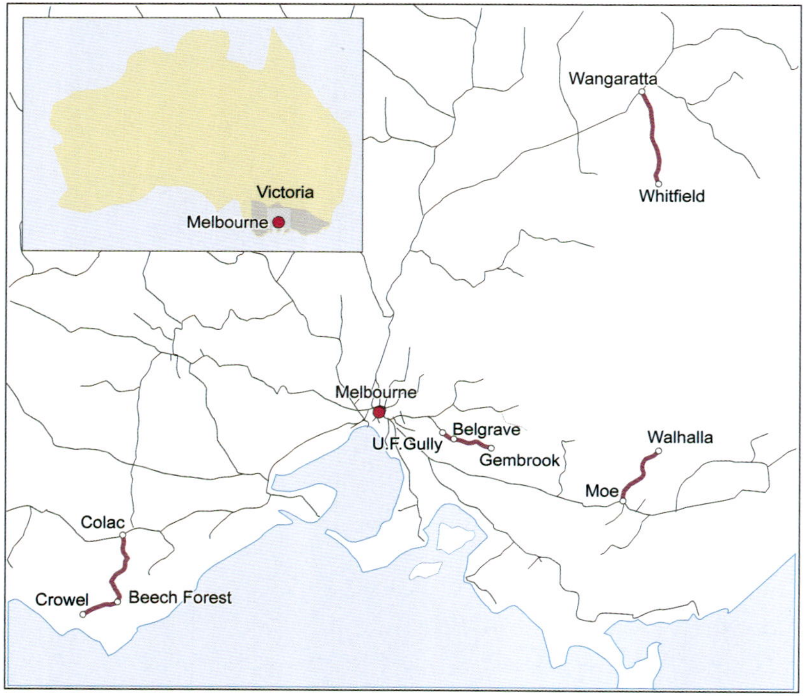

●ヴィクトリア州の「狭軌鉄道」

　ヴィクトリア州に開通したのは4つの狭軌鉄道であった。まず一番先、1899年に開通したのは、州北東部に位置するワンガラッタ～ウィットフィールド間49.1km。これを手はじめに、次々と新路線がつくられていく。メルボルン東部近郊のアッパー・ファーントゥリー・ガリイとジェムブルック間29.3km、逆に南西部に位置するコーラック～ビーチ・フォレスト間47.6kmが1902年までに開通した。ともに森林地帯から木材運搬に大きな力を発揮した。

　加えてモーから金の鉱脈が発見されたワルハラに至る41.8kmの路線がつくられ、ヴィクトリア州の4つの狭軌鉄道が揃う。南西の森林線はビーチ・フォレストからさらにクロウスまで延長され、ヴィクトリア州の狭軌鉄道は190kmを超える路線を有していた。いうまでもない、アッパー・ファーントゥリー・ガリイ～ジェムブルック間はのちのパフィング・ビリイ鉄道になるものだ。

　これらの狭軌鉄道のために、米国ボールドウィン社に2輛の蒸気機関車が発注された。もちろん全部で200kmに及ぼうかという鉄道網に2輛の機関車で間に合うわけもない。わが国の機関車製造がそうであったように、サンプル的に先進国から機関車を輸入し、それをお手本に自国の工場でつくってしまおうという魂胆だった。

　ヴィクトリア州鉄道はしっかりとしたニュウポート工場を持っており、すぐに15輛の

同型の機関車が用意された。それが、1C1タンク機関車。輸入した2輌は、1輌がノーマル、1輌が複式シリンダという特殊機構を持っていたが、15輌のヴィクトリア工場製のものも、1輌が複式で試作されていたというから研究熱心であったというべきであろう。全部で17輌の蒸気機関車が、4鉄道の主力機関車として活躍した。

しかし、狭軌鉄道の宿命というべきか、輸送力の絶対量はときに不足をきたした。そこで1926年、英国ベイヤー・ピーコック社に2輌のガーラット式機関車が発注された。G41、G42の2輌はモー～ウェルハラ間、コーラック～クロウス間に投入され、期待通りの性能で、1C1タンク機関車の重連以上の性能を発揮した。

さらなる増備も検討されたというが、一方では道路の整備とトラックの発展という、わが国などでもみられた鉄道衰退の見通しもあって、それ以上の進展はなかった。

1950年代になると一気にヴィクトリア州の狭軌鉄道は姿を消していく。1952年10月にモー～ウェルハラ間の一部が廃線になったのがきっかけのように、相次いで廃線がつづく。1953年10月にはワンガラッタ～ウィットフィールド間、つづいて1954年には4月にアッパー・ファントゥリイ・ガリイ～ゲンブルック間、6月にモー～エリカ間29.8km、12月にウィープロイナ～クロウス間15.9kmが運転をやめる。そして最後に残ったコーラック～ウィープロイナ間54.4kmも1962年7月1日にはとうとう廃止になってしまい、ヴィクトリア州の狭軌鉄道は完全に姿を消してしまうのであった。

●復活した「パフィング・ビリイ」

沿線は道路が発達し、木材工場や農作物倉庫からの出荷もほとんど鉄道を使うことはなくなっており、ジェムブルックに至る路線も1950年代には年間3000tの貨物と9000人の乗客にまで輸送量は落ち込んでいた、という。鉄道としての需要はとおに過ぎ、廃線は時の流れそのまま、といったものであった。1953年8月には沿線で大きな地滑りが発生、セルビイの先の線路は押し流され、泥と

岩に埋もれてしまい不通を余儀なくされ、それも廃止を早めることになった。

ところが1954年12月11日、アッパー・ファントゥリイ・ガリイ〜ベルグレイヴ間で運転された最終日、4往復の列車は2500人もの乗客で埋まり、沿線には延べ3万人もの人が別れを惜しんだ。そして、復活をして欲しいという14000人の嘆願書が州議会に届けられた、という。わが国でもいざ廃線と聞くと思い起こされる情景だが、ヴィクトリア州の場合はちょっとちがった。

早速廃止翌年には「パフィング・ビリイ保存協会（The Puffing Billy Preservation Society)」が組織され、ゆっくりではあるが復活に向けて歩みをはじめるのだった。廃止になったアッパー・ファントゥリイ・ガリイ〜ベルグレイヴ間は改軌され、ひと足先に1962年3月にはメルボルンから直通する列車が走るようになっており、残されたベルグレイヴから先を復活させることになった。

ヴォランティアのパワーも加わり、1962年7月、ベルグレイヴ〜メンジイズ・クリーク間が復活。それは1965年にはエメラルドまで、1975年にはレイクサイドまで延長を果たした。

機関車は廃止まで使われ、そのまま保たれていたもののほか、静態保存されていたものを買い戻してレストレイションするなどして、いまではボールドウィン・タイプのNA型タンク機関車は5輌が動態となって活躍している。一方、なんとか姿をとどめていたガーラット式機関車も静態保存から長期にわたるレストレイションの結果、2004年に復活を果たしている。

その後も進化を止めることなく、最終目標であったジェムブルックまでの路線延長も1998年10月についに実現されこんにちに至る。線路以外の話題として、近年、南アフリカ鉄道のNG/G16型（そう、英国ウェルシュ・ハイランド鉄道で活躍しているガーラット機だ）を2輌、129号機と127号機を相次いで購入。もともと600mmゲージの機関車を762mmに改軌のうえレストレイションに掛かっている。

ダンデノン丘陵を走る

PBR、24kmの旅

12A

BELGRAVE

■ ベルグレイヴ駅

パフィング・ビリイ鉄道の始発駅であるベルグレイヴはメルボルンの中心街から南東に 40km あまり、標高 228m の地点にある。100 年のむかしから、メルボルンにとって週末を過ごすのに適した格好のリゾートのようなポジションであったという。

鉄道開業当初はモンバルク駅と呼ばれていたが、1904 年の改名以来ベルグレイヴの名前はすっかり定着していて、アッパー・ファントゥリイ・ガリイ～ジェムブルック間鉄道で、中心駅という存在でもあった。

先に改軌して広軌の電化鉄道ができたおかげで、復活したパフィング・ビリイ鉄道の始発駅はかつての駅から 500m ほど離れた位置に新たにつくられた。鉄道の本社もここにあり、みやげ物の売店などの設備も備わっている。

ベルグレイヴの街には壁面に汽車の絵が描かれた建物がいくつかあり、そのひとつはかつてのベルグレイヴ駅が描かれている。

旅行雑誌などではなかなか出てこないような名前が、ただ汽車が走っているというだけで、急に身近かになってきたりする。ベルグレイヴもそんなところかもしれない。ベルグレイヴの名前は英国ヨークシャー州リーズの教会からとられたものである。

駅の行き止まりの向こうに見える、こんもりとした樹々の向こうに、メルボルンからやってくる「メトロ・トレインズ」のベルグレイヴ駅がある。社屋と一体になった駅舎したに一面のプラットフォーム。機回し線のほか、向かって右側の少し高くなった位置に客車の留置ヤードがある。

さらにその右手には機関庫があって、プラットフォームから出発準備をする機関車のシーンを眺めることができる。ときに16輌もの客車を牽くこともあってか、長くカーヴしたフォームだ。

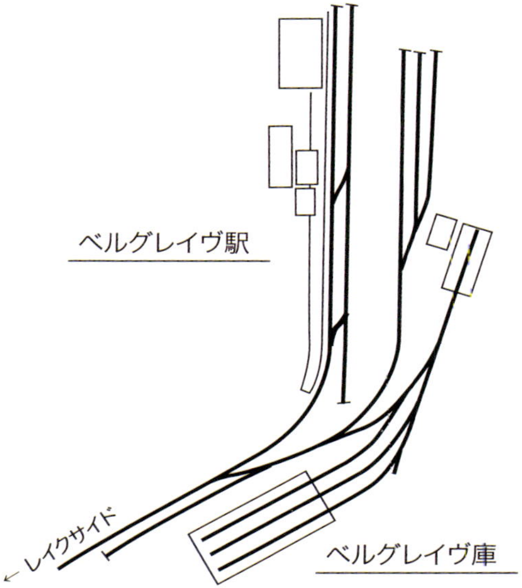

BELGRAVE DEPOT

■ ベルグレイヴ庫

パフィング・ビリイ鉄道の復活時にベルグレイヴに機関庫と給炭台などの設備も設けられた。機関庫は単線だが、縦にタンク機関車２輌が優に収まる細長いもの。木造の建物は実に好もしい形で、それこそ模型の機関庫のモデルになりそう。二重屋根になっていて、煙が抜ける構造も、昔ながらの蒸気機関車庫のスタイルだ。庫内にはピットが切られていて、仕業前の準備は庫内で行なわれる。

機関車が増えたこともあってか、この機関庫の反対側には近代的な工場を兼ねた機関庫がもうひとつ。メインテナンス中の機関車やガーラット機などはそちらに収められている。三線のそれぞれに木の扉がつけられていて、奥の方の工場部分には修理中なのか２輌の機関車が押し込まれれていた。

この日、NA 型タンク機関車が２輌とガーラット式機関車１輌、合計３輌に火が入った。

朝、順番に庫から出てきた機関車には、それぞれになん人かが取り付くようにして、磨いたり給油したり準備をしていく。ヴォランティアが多いという機関士、機関助士の中には女性もいたりする。それぞれ担当が決まっているのか、まるで自分の機関車を手入れするように熱心に黙々と作業がつづけられるのだった。

CAUTION
RESTRICTED
CLEARANCE

C42

14A

女性機関助士のひとり、ルイーザさんは、12号機のお守りをしている。火室の火をチェックして、こんどはオイルポッド片手に油壷をひとつひとつ給油して回る。それにしても綺麗に磨き上げられている機関車には、感心させられるばかりだ。

ガーラット機に石炭を積み込むのはフォークリフトの仕事だった。

J. STONE & Co. Ltd
ENGINEERS
LONDON S.E.

TIMBER TRESTLE

■ ティンバー・トレッスル

長さ 300 フィート（91.4m）、高さ 42 フィート（12.8m）、15 スパンの木でつくられた橋。わが国でも木材を運び出す森林鉄道などで見ることができたものだが、これほどの規模のものは世界的にも注目に値するものだ。歴史的に貴重なこの木橋は、ヴィクトリア州のナショナル・トラスト（文化遺産）として保護されているという。

パフィング・ビリイ鉄道にとって最大の見せ場は、ベルグレイヴを出てすぐにやってくる。駅を出発していきなりうっそうとした森に入り 5 分ほど、両側が一挙に開けたと思ったら、そこが名所「モンバルク谷トレッスル」であった。

木橋に掛かったところから上り勾配になり、大きく右にカーヴしながら力行をはじめる機関車の迫力は、最高のシーンをつくってくれるのだった。

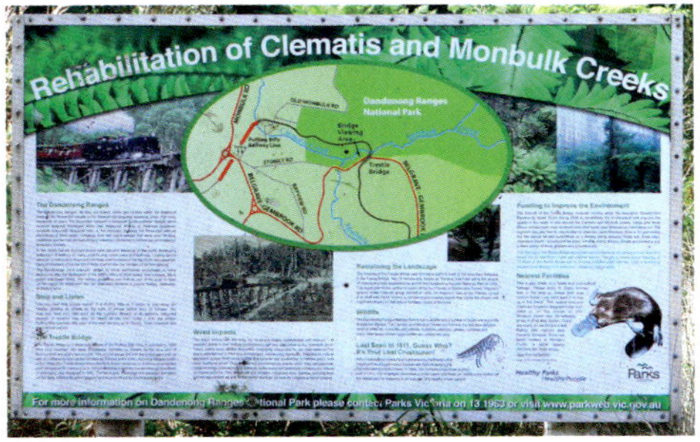

C42

「モンバルク谷トレッスル」は眼下に流れるモンバルク川と、パフィング・ビリイ鉄道に沿ったメイン・ストリートであるベルグレイヴ〜ジェムブルック道路を越える。谷は遊歩道もある自然そのままの景観。幹線道路は数多くのクルマが行き交う。その対比も面白く、いろいろな角度から撮りたくなって、幾度となくここに通ったのだった。

C 42

ジェムブルックに向けての上り勾配だから、ベルグレイヴに向けて戻ってくる列車はほぼ絶気状態。しかもバック運転とあって、なんとも絵にならない。乗客も楽しい一日を終えての帰り道、心なしか遊び疲れているようで、往きの列車の迫力も賑やかさも失せているような印象だった。

SELBY

■ セルビイの森

「モンバルク谷トレッスル」を越えると、ふたたび森の中の道になる。そのむかし、G.W. セルビイという地主が開拓したことからつけられたというセルビイという小駅があるが、その前後を含めて、線路は右に左にくねる。ユーカリの木、ガムの木、「お化けシダ」などがうっそうと繁り、温帯地域とはいえ森の中は熱帯のような景観が広がる。

セルビイを通過してさらに 2km ほど進んだところに小さな「名所」がある。そこには給水タンクがあり、かつてのジェムブルック行の列車は上り勾配の途中、ここで給水のために一時小休止をするのだった。乗客もひと息、ストレッチしたり周囲の花を摘んだり。そのうち地元で穫れたフルーツなどを売りにくる売り子も出現したりして、賑わったのだという。

ところが、1953 年 8 月のことである。この地に大規模な地滑りが発生した。線路は流され、結局それが廃線にもつながる一因にもなったのだが、いまもその一部は「地滑りの地」として残されており、別な意味での小さな「名所」になっている。

復活に際しては軍隊の力を借りて、別線を敷いた由。いまも列車内ではそのアナウンスがされるのだった。

SCHOOL RD.

■ スクール通りの踏切

森の中の線路がふたたび開けたと思ったら、そこは踏切。道路の方は一直線に伸びた舗装路で、警報機もついている。あるとき、列車を待っていたら、まだ通過予定時間ではないはずが少し早めに警報機が鳴った。カメラを取り出し、その気になって待っていたら…　なんとやってきたのは小さな巡回車。待たされているクルマもちょっと拍子抜けしただろうに。思わず失笑してしまった。ずっと沿線につづく森林、万が一にも機関車の火の粉で火災など起こしてはならじと、列車の前後、巡回車が走ったりするのだった。

待つことしばし、やってきたのは 12 号機とガーラット G42 号機との重連。ずっとつづいてきた上り勾配が終わり、軽快に走り抜けていくのだった。

12A

RAILWAY
CROSSING
STOP
ON RED
SIGNAL

C 42

NO STANDING ON RAILWAY TRACK

MENZIES CREEK
Trains on this Platform will be departing for
LAKESIDE

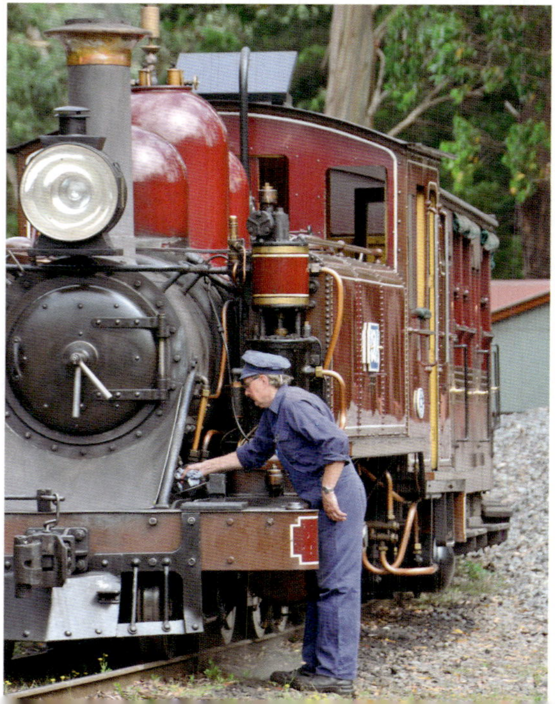

MENZIES CREEK

■ メンジイズ・クリーク駅

ベルグレイヴから 6km、初めての大きな駅がメンジイズ・クリーク駅であった。標高 303.6m にある列車交換もできる駅。さっきの踏切で通過していった列車が到着し、乗客が降りたりしているところだった。実は、予想外の重連でやって来た列車は、団体客が乗っているためで、彼らはここで降りて待機しているバスで次の観光地へと向かう蒸機列車も楽しめるツアーだったのだ。

列車から降りたツアー客は、思い思いに記念写真を撮ったりしながら、なかなか蒸気機関車の側を離れようとしない。コンダクターに促されながら、ようやく辺りに静けさが戻ろうとするころ、機関車が切り離され、するすると動きはじめた。

ツアー客のためもあってか、なんと 16 輌もの客車を連ねていた列車はここで二分割される。半分は臨時列車として G42 号機に牽かれてベルグレイヴに戻ることになるのだという。その解結作業はなかなか面白い。いったん重連のまま引上げ、そこで切り離して G42 号は反対側のホームで給水、12 号機はふたたび客車の前に戻って、このまま先を目指すのだった。

右の写真は 14 号機の牽く別の日の列車。腕木式の場内信号機が示しているように、ここでは左側通行が基本であった。

朝の列車、メンジイズ・クリーク駅の停車時間は 12 分の予定だ。この間に重連を解除し、列車の分割も行なわれる。列車から降りてくるツアー客の列は長くつづき、外には汽車を見に来た一家もあったりして、賑わいはつづいた。ホームの反対側にやってきた G42 号機は給水を済ませ、12 号機の列車が発車したのちに、そのまま残されていた 8 輌の客車を牽いて、ベルグレイヴへと戻っていくのだった。

STANDING
RAILWAY
RACK

　入換えも終わり、発車信号が青になる頃には先に進む乗客はみな客車に戻り、一瞬の静寂が訪れる。駅長の合図で汽笛一声、列車はゆっくり走り出す。

「さっき踏切のところで写真撮っていたでしょう？」

　機関助士を務めるルイーザさんが手を振ってくれた。

OLD MONBULK

■ オールド・モンバルクの森

メンジイズ・クリークを出ると、ふたたび線路はダンデノン丘陵の深い森の中を走るようになる。線路は緩やかな勾配がつづき、やってきたベルグレイヴ行の先頭に立つ G42 号機はけっこうな排気音を轟かせて力行をみせている。

ふたつの走り装置、4 つのシリンダを持つガーラット式機関車は、テンポの速い小刻みなドラフト音を奏でる。樹々の間に谺す音が混じって、独特の走行音だ。一般には機関車らしいスタイリングのタンク機関車が人気だというが、やはり機関車好きには数少ないガーラット式機関車が興味深い。その独特のヴァルヴギアの動きからドラフト音まで、それこそ一挙手一投足が貴重だ。わが国には輸入されることなく、見ることのできなかった機関車ということもあってか、ゆっくりとその走りを観察してみたくなる。

　同じ場所で別の日に逆向きの列車を追った。前に水タンク、後に炭庫を持っているガーラット式機関車は、正面の機関車顔が見えないことから「絵になりにくい」との意見もあるが、1輌で重連分の走り装置を持つ独特の走りは、貴重なものであった。

C42

CLEMATIS

■ クレマティス駅

クレマティス── 付近に可憐なクレマティスの花が自生したことからこの名前が付けられたという、木陰にある小さな停留所。沿線のメインストリートであるベルグレイヴ～ジェムブルック道路に、南からやってきたウェリントン道路が突き当たるＴ字路の正面にはパラダイス・ヴァレイ・ホテルがある。ちょうどその裏手にある駅、ホテルのレストランから列車の姿を見ることもできる。

まだ鉄道も通っていない 1880 年代にひとりのアイルランド人が入植してきた。農業を営んでいた彼の家の裏手を鉄道が走ることになった。線路の通過を許したことから、彼の開いたワイン・ショップの裏口で、用があるときは列車が停まってくれるようになった。それは 1902 年 4 月、パラダイス・ヴァレイ駅としてオープン。ワイン・ショップはやがてレストランを含むホテルに発展したのだ、という。

やがて、クレマティスの街ができ、駅名も改名された。1921 年のことである。かつての駅名を残すホテルはいまも健在。沿線を駆け足で列車を追掛けていると、ついついランチなど飛ばしてしまいがちになる。そんなとき、ちょっと立派すぎるホテルのレストランは、またとないランチを提供してくれる。すっかり嬉しくなって、撮影を終えたあと、念願の OZ ビーフを食べにわざわざクルマを走らせたりしたのだった。

12A

EDENMONT RD.

■ エデンモント通り

どこかサイド・ヴュウの撮れるところはないか。そう思ってベルグレイヴ～ジェムブルック道路を走っているとき、格好の脇道を見付けた。クレマティスを出て少し行ったところ、エデンモント・ロードの踏切がある。その通りは踏切を越えてすぐに線路と並行になり、下がっていく道路に沿って線路の方は築堤になっている。道路はその先で向きを変え、メンジイズ川の支流を渡って北方の集落に行き、線路はその先でまた森の中に入っていく。

それでも築堤のシーンは、谷のような位置にあるクレマティスの駅から次のエメラルドに向かって、けっこうな上り勾配になっていることもあって、迫力ある写真が期待できる。

踏切の警報機が鳴りはじめた。後方からクルマが 1 台、踏切の前に停まる。警報機の故障じゃないよな、などとちょっと心配になった頃、ようやく機関車のドラフト音。踏切の手前で注意喚起の汽笛とともに、赤い 12 号機が姿を現わした。客車にはたくさんの楽しそうな乗客。どこまでも青い空、まぶしい陽光の中をゆっくりと力強く通り過ぎていった。

反対方向の列車は下り勾配のはずなのに、期待以上の力行がみられ、お気に入りの撮影ポイントのひとつになったのだった。

C42

G42
5 NBD

FIRST
DUBBIL BARRIL
OILED
4 NAL

FIRST

EMERALD

■ エメラルド駅

　周囲にエメラルド・グリーンの丘がつづいていたことからだとも、付近の谷でエメラルドが見つかったからだともいうが、その名前の由来はミステリアスなのだ、と。エメラルド駅は１面のプラットフォームのほかにも側線や車庫、工場施設を持つ、ベルグレイヴと並ぶパフィング・ビリイ鉄道の中心駅だ。

　夕方からのダイニング列車に乗ったとき、ちょうどエメラルド駅で結婚式の記念写真の撮影があった。そのためかどうかは解らないが、列車は 10 分ほども停車した。前方ではダイニング列車の食材が積み込まれたり、別の車輛では知り合いが乗車しているのか話し込む人もいたりして、停車時間はあっという間に過ぎていった。

　エメラルド駅を出て少し行くと、タンポポの咲く草原が広がる。遊歩道もつくられていて、犬を連れて散歩する人、ジョギングをする人などが行き交う。その向こうを走る蒸気機関車は、森の中とはまたちがうパフィング・ビリイ鉄道を印象づけてくれた。

C42

NOBELIUS SIDING

■ ノベリアス・サイディング

パフィング・ビリイ鉄道では、特別列車として「ダイニング列車」が運転されたりする。幸運なことに、滞在中の一日「ダイニングとダンスを楽しむ特別列車」が運転され、ぜひとも体験するといい、と奨められた。

それはまだ夕陽もまぶしい17時45分にベルグレイヴを出発し、往復の列車内でワインや前菜、はたまたデザートをいただき、特別会場でメインディッシュとともにバンド演奏とダンスを楽しむ。その会場というのが「ノベリアス・サイディング」。

ここはそのむかし、1870年代にスウェーデン人、C.A. ノベリアスが入植し、いち早く果樹などの苗づくりをはじめた。それはのちのちサクセス・ストーリイとして語り継がれるほどの成功をみせ、1904年には開通したばかりのパフィング・ビリイ鉄道沿いに袋詰め倉庫を建造した。その積み出しのための側線（サイディング）も設けられ、ここからオーストラリア全土、さらには世界中に出荷されたという。

1981年に倉庫は閉鎖になったが、早くから建物はソーシャル・センターの役も果たし、パーティが開かれるなど付近の中心地にもなっていた。倉庫閉鎖後の1984年には建物のレストレイションが行なわれ、いまもパーティ会場などとして使われている。この日もたくさんのテーブルが準備され、ここでディナーとダンス・パーティが開かれたのだった。

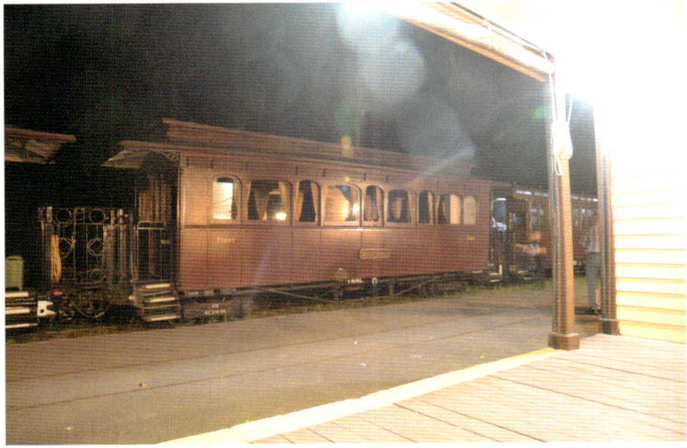

　この日の「ダイニング列車」はファースト・クラスと描かれたテーブル付の NAL 型客車 4 輛に、キッチンカーを加えた 5 輛編成。NAL 型客車はモニター・ルーフに上縁が曲線を描く優美な窓の古典客車。その通り、1901、02 年につくられたもので、マウント・リル鉱山が、パフィング・ビリイ鉄道に寄贈したものだという。それぞれに個有の名前も付けられており、1NAL から順に「Mount Lyell」「Dubbil Barril」「Rinadeena」「Teepookana」である。左上がその室内だ。

　食事をしている間に、列車はレイクサイドまで回送し、向きを変えて戻ってきた。

LAKESIDE
■ レイクサイド駅

ベルグレイヴから 13.2km、多くの列車はここレイクサイド駅で折返す。その名の通り、エメラルド湖畔の駅で給水設備なども備わる。島式プラットフォーム1面の駅だが、近々周辺が改装される予定だという。現在の駅のジェムブルック寄りに新しい駅がつくられ、そこには駅舎だけでなく、飲食などの施設も充実するそうだ。右下がそれを示すボード。

そう、パフィング・ビリイ鉄道が復活してしばらく、1998 年まではここが終点であった。湖を中心にボート遊び、ピクニック、バーベキュー、山歩きなどの施設があり、夏は多くの家族連れで賑わうところ。ここで折返す列車は 1 時間ほど停車し、ちょっとした付近の散策をしてくる乗客の便を図っている。自然の中の遊歩道もあり、楽しいひとときが過ごせる。

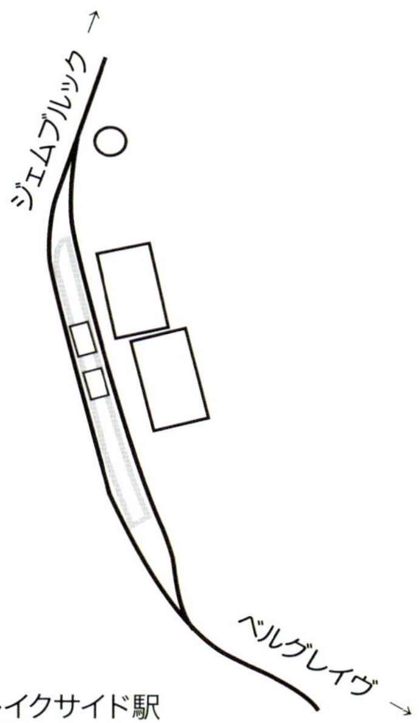

レイクサイド駅

MASTER PLAN

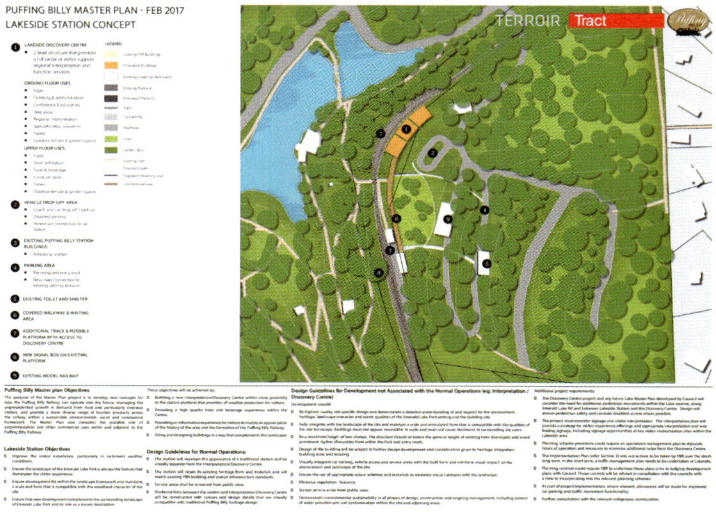

14A
2 NBD

WRIGHT FOREST

■ ライト・フォレスト

　レイクサイド駅を出た列車はふたたび森の中、小さなトレッスルを渡ったりしたのち、いきなり視界の開けた山腹に躍り出る。

　右側、列車の背後はライト・フォレスト・ブッシュランド保護区からつづくうっそうとした森。左側はワットル川につづくなだらかな草原を見下ろす。その間を走る列車は、「パフィング・ビリイ」の愛称そのまま模型の列車をみるようで、思わず心和まされてしまう情景だ。

　1輛目の普通の客車にはもう誰も乗っていない。と思ったら2輛目、3輛目には例によって足を投げ出した乗客が。NBH型と呼ばれる客車、「H」が足ぶらぶら乗り用の客車だ。観光用につくられたのかと思いきや、1919年、大量の輸送客のためにつくられたのがはじまり、というからこの鉄道にとってはお馴染みのスタイル。当時からの車輛11輛に、復活後に増備されたもの14輛が加わって、現在も主力の車輛になっている。

　白い冠を持ったオウム科の鳥と同じ名前、コカトゥー駅を通過し、列車は軽快にジェムブルックを目指す。

STATION RD.

■ ステーション・ロード

コカトゥーの先、複雑に道路が交差するところを大きな踏切で越えると、いよいよ最後のルートに掛かる。すっかり深い森はなくなり、ゆったりとしたアップダウンの丘がつづく景色に一変する。もう一度メイン・ストリートであるベルグローヴ〜ジェムブルック通りを横切ると、グラヴェル（未舗装）の細道が沿って走る。ステーション・ロードという名の通り、そのまま駅に通じる道のようだ。

それにしてもこの景色はどうだろう。広く見渡せる広い視界は、さすがオーストラリア、といった雄大さを感じさせる。反対側にはパラパラと住宅が並んでいて、こんなところに住んで毎日この景色を見て暮すのはどんなものだろう、とちょっと夢想したりした。

14A

GEMBROOK

■ ジェムブルック駅

終着、ジェムブルックに線路が復活したのは1998年のこと。レイクサイド駅までの路線でとりあえずの復活は果たしていたのに、やはりかつての終点、ジェムブルックへの線路は悲願というようなものだったのだろうか。

木材の街としてジェムブルックは知られていた。木材加工工場がいくつも建ち、そこに木材を運び込む馬車軌道やなかにはラッセル軌道という蒸気機関車使用の軌道もあった。1920年代になるとそうした軌道がジェムブルックのヤードに集結するようになり、鉄道も貨物輸送に大活躍した。

現代のパッフィング・ビリイ鉄道は、ベルグレイヴを出て24km、1時間20分ほどの旅を終えて終着ジェムブルックに到着する。メイン・ストリートに向かって直角に行き止まりになった線路、その傍らのプラットフォームがジェムブルックの駅であった。裏手には給水設備や小さなアシュピットも設けられている。

到着した列車はいったん引き上げ、数百mほど戻ったところにつくられた機回し線まで回送。いったん客車を残して給水などを行なったのち、ふたたび機関車を付け換えて、帰りの発車時間まで待機するのだった。

14A

Puffing Billy
AUSTRALIAN MADE
TRU-BLU
LUBRICATION SYNERGY

パフィング・ビリイ鉄道ほか

Baldwinの狭軌機関車

●ヴィクトリアの機関車

パフィング・ビリイ鉄道をはじめとして、豪州ヴィクトリア州の「狭軌鉄道」線で主力機として働いていたのは、米国ボールドウィン社製の1C1タンク機関車とその同型機であった。そもそもがヴィクトリア州鉄道のメインの鉄道車輌工場である「ニュウポート工場」で内製するための「お手本」として、2輌がボールドウィン社に発注されたところからはじまる。

それは1898年製の重量35t級の標準的なタンク機関車。もともとが規格型の機関車を量産することを得意とするボールドウィン社だから、注文に合う規格品のひとつを送ってきた。それはボールドウィン社の種別でClass10-22¼Dと呼ばれるもので、シリンダの直径、軸配置、軸間距離などで区分けされているものだ。

輸入された2輌の機関車はヴィクトリア州鉄道ではNA型、1A、2Aと付番された。特徴的なのは、2Aは複式シリンダを持っていたことで、それもサンプルとして性能を比較検討するためだった、という。なお、NA型の「N」は狭軌鉄道、ナロウ・ゲージであることを示す。

目論み通り、早速1900年4月にはニュウポート工場製の第一号機、3Aが登場する。つづいてつくられた4Aは2Aのコピイで、複式シリンダ付であった。

その後も線路の拡充に対応するための増備がつづけられ、最終的には1915年製の17Aまでの15輌を製造。ボールドウィン社製の2輌とあわせ、4線のヴィクトリア州鉄道狭軌線に使用された。

●ボールドウィンの特徴

パフィング・ビリイ鉄道のNA型を例に、ボールドウィン蒸気機関車の特徴を眺めてみよう。

周囲をナット留めした煙室前面、煙室扉は周囲をクリートという抑えで留められていて、真ん中に丸いナンバープレートというのがボールドウィンの顔つきの特徴。このNA型も輸入当初はそのスタイルだったが、ほどなく改造されたようだ。

現在の姿は、煙室扉ハンドルが付いている。もうひとつ正面の特徴が、大きなエプロンだ。煙室を支えるステイはボールドウィンに共通する特徴だが、NA型はそのステイの間を「どじょうすくいのザル」のようなスロープで埋めている。煙室掃除で排出される煤の取り出しを考えてのものだろう。煙室前面のナットで共締めされている。当初はアメリカン・スタイルのカウキャッチャーが付けられていたが、現在は小振りな独特のものになっているし、14Aには装着されていない。

足周りはいわゆるアウトサイド・フレームで、3フィート（914mm）径の動輪は第一

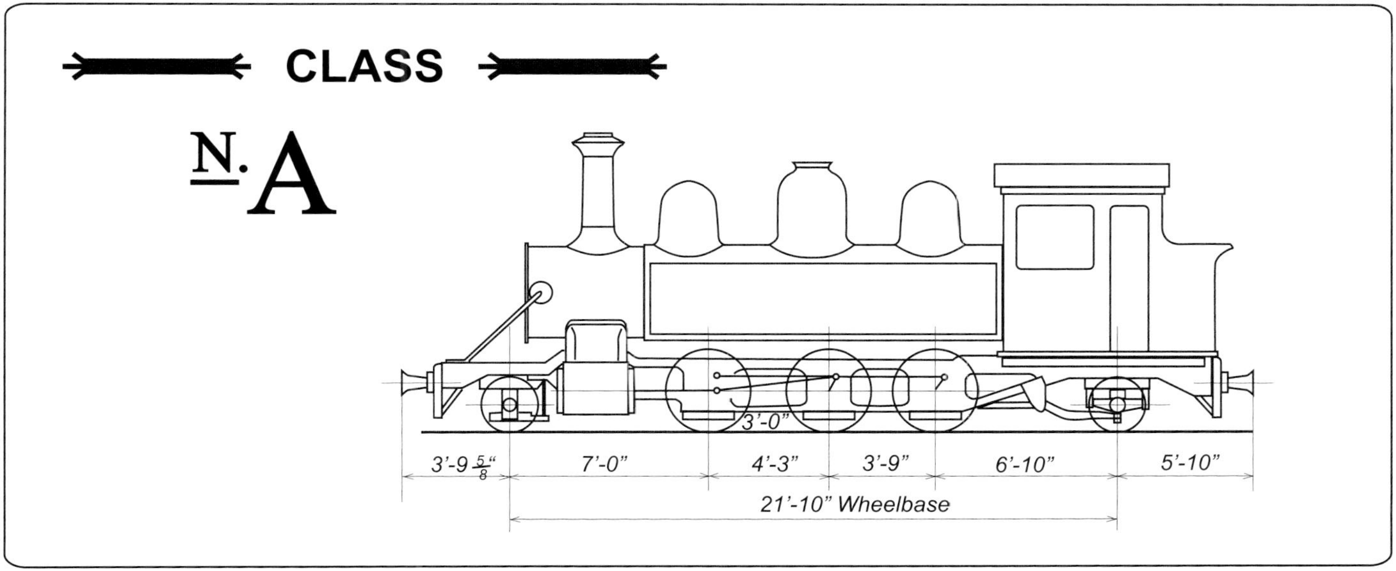

～第二動輪間が第二～第三動輪間より少し長く採られている。クランクはシンプルなもので、バランスウエイトは動輪側に付けられる。注目すべきは2フィート¼インチ(616mm)径の先従輪だ。従輪は外側台枠、先輪は外側にリンクがついていて独特。従輪後方にはエアタンクが吊るされている。

大きめのキャブとそれに連なる炭庫、上辺に丸味の付けられたリヴェット留めのサイドタンクは、ボールドウィンのひとつの典型。わが国に輸入された多くの類型を見ることができる。左水タンク前面には単式のコンプレッサが付く。細身の化粧煙突、大小3つのドームが並ぶバランスのよさはこの機関車全体の評価を高めている。中央の蒸気溜に安全弁と汽笛、後側の砂箱後方の狭い隙間に発電機を持つ。なお8Aはパイプ煙突、12A以外は炭庫に木枠が追加されている。

現在パフィング・ビリイ鉄道では、6輌のNA型が現存しており、3Aが静態のほかは、6A、7A、8A、12A、14Aの5輌が稼働している。6Aがグリーン塗色、7A、12Aがカーマイン・レッド塗色、8Aと14Aが黒色塗色となっている。

上はヴィクトリア州鉄道NA型の図をトレース。一部変更したが雰囲気はできるだけ残すよう努めた。下は当初のボールドウィン社製の前面のナンバープレート。われわれにもお馴染みの世界共通の印象がある。

●わが国でも見られるボールドウィン

ボールドウィン社、ボールドウィン・ロコモティヴ・ワークス（BLW）は時代によって正式な社名は変化しているが、機関車好きには一貫してボールドウィン、BLWといえばひとつの機関車の形が思い浮かぶほど親しまれている名前だ。

会社は1825年創業、1832年に初めての蒸気機関車をつくり出したという歴史記録が残っている。1907年には早くも30000輌の機関車製造を達成していた、いうまでもない、世界最大の蒸気機関車メーカーである。先にも書いたように、米国スタイルのひとつの典型をつくり、規格型機関車の大量生産に長けていた。

1956年までに実に70000輌を超える機関車を製造し、わが国にも700輌近くのボールドウィン社製の蒸気機関車がもたらされている。

たとえば「明治の機関車」の代表といわれる「B6」型C1タンク機関車を、第一次大戦の足音を聞いて大量増備しようとしたところ、英国、ドイツなどが注文に応じ切れなかったときに、ボールドウィン社は一気に150輌の「B6」を1年間でつくってみせたりもした。1905年のことである。

いまでも、わが国で見ることのできるボールドウィンを探してみた。

「明治村」（愛知県）は実際に動いているボールドウィンを見ることもできる。それは9号機と呼ばれ、1912年につくられ、富士身延鉄道→日本鋼管鶴見製鉄所→「明治村」と移動して、現在も「明治村」で英国製の12号機とともに明治の列車を再現している。

また小湊鉄道（千葉県）では同じ1C1タンク機関車が保存されている。Class10-24¼Dだから、パフィング・ビリイ鉄道のNA型よりひと回り大型だ。「明治村」9号機同様、軌間はもちろん国鉄ゲージ（3フィート6インチ=1067mm）だから、世界的には狭軌だがここでいう「狭軌鉄道」とはいいにくい。だが、ボールドウィン機関車の特徴は両方ともよく残している。

しかし、ボールドウィン機関車の神髄は、もっと大きなテンダ機関車だよ、という声も少なくない。それは、いまとなっては米国に残っているいくつかを訪ねるのが一番なのだろうが、英国ウェールズ州、ブレコン・マウンテン鉄道で出遇ったボールドウィンは、特徴をよく備えていてすっかり気に入ってしまった。2C1という軸配置、600mmゲージという、わが国では見られなかったものだが、そんなに違和感が感じられなかったのは、スタイリングがいかにもボールドウィンらしさに溢れていたからにほかならない。

もうひとつのボールドウィン、として別項を設けた理由も、もちろんそこにある。

わが国でも見ることのできるボールドウィン。上段は小湊鉄道（千葉県）の五井車庫で保存されている同社１号機、２号機。1C1 タンク機関車でボールドウィン機らしい特徴を備える。中段は明治村（愛知県）で動態保存中の９号機。もと日本鋼管鶴見製鉄所で働いていた小型Ｃタンク機で、右は当時の姿（1967 年）。左はブレコン・マウンテン鉄道の２号機。2C1 というめずらしい軸配置のテンダ機。

Puffing Billy
TRU-BLU
12A

12A

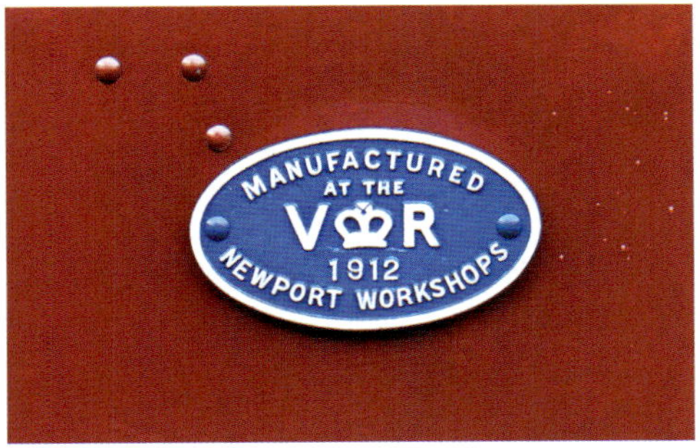

12A

14A

14A

MANUFACTURED
AT THE
V R
1914
NEWPORT WORKSHOPS

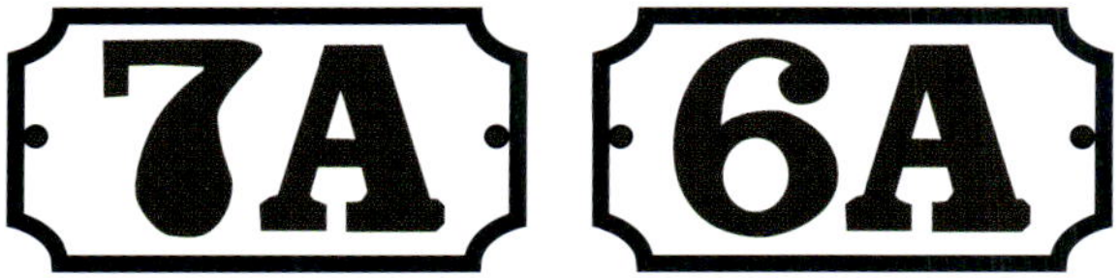

特徴だらけの14A号機のディテール。先従台車、クロスヘッド周りなどが注目点。右下の8A号機はパイプ煙突。

C 42

G 42

BEYER, PEACOCK & Co Ltd
H.W. GARRATT'S PATENT
MANCHESTER, 1926.

1

BEYER, PEACOCK & Co Ltd
H.W. GARRATT'S PATENT
MANCHESTER, 1926.

C 42

G42 号機ガーラット式機関車はベルペア式の火室を備える。その火室の直後から後部の走り装置が位置する。軸配置は 1C+C1 だ。英国ベイヤー・ピーコック社のメーカース・プレートが煙室左右に付き、右側には単式コンプレッサーが装備される。真鍮色に磨き出されているのはジャッキ。革かばんは小物部品入れだろうか。

C 42

4つのシリンダからドレインを吐きながらガーラット式機関車が走るシーンは独特。左上は発電機、右下の小さなリンクの形状が面白い。

ブラス・モデルで甦る
小さな「PBR」の機関車

「軽便機関車が欲しかった、米国土産」と題して、月刊「鉄道模型趣味」誌876号（機芸出版社）に掲載させてもらった記事。それは初めての訪米で模型店を捜し、購入した真鍮製の機関車模型について書いたものだ。

そのむかし、模型製品になるのはほとんどがメジャーである国鉄機関車ばかりで、軽便機関車などつくられることはなかった時代のことである。米国の模型店でとにかく小型の蒸気機関車模型が欲しい、通じないことばでようやく手にしたのが、なんと「パフィング・ビリイ鉄道」の1C1タンク機関車だった。

もちろん実物のことなど知り得てもいない。ただただ小型であることと、いいプロポーションの持ち主であるという理由で、ショウケースの中から選んだ。それは日本製の「ブラスモデル」という高級品。全部が輸出向けの製品で国内では手に入れられなかったものだった。

その後1980年代だったか、同じような日本製「ブラスモデル」で小型ガーラット式機関車の模型がつくられたことがある。輸出分のあまりというような形で少量が国内販売された模型。これまた形のよさでエイヤッと手に入れた。手に入れてから、ヴィクトリア州鉄道の機関車であることを知った。

模型は複雑な構造の走り装置を巧みに模型化。真鍮、手づくりの細密模型はけっこうな価格だったが、狭軌のガーラット式機関車の模型など、ほとんど空前絶後だったから、無理してでも買っておくしかなかった。この種の少量生産模型などは、見付けたときに手に入れておくしかない。それがひとつの極意のように習わされてきた。

閑話休題、そうやって長くわが家の模型棚に収まっていた2輌の機関車。米国で手に入れた1C1タンク機ばかりか、なんと「パフィング・ビリイ鉄道」でそのガーラットが復活運転されている、というではないか。2輌を一挙に見ることができる。もう見にいくしかなかった。

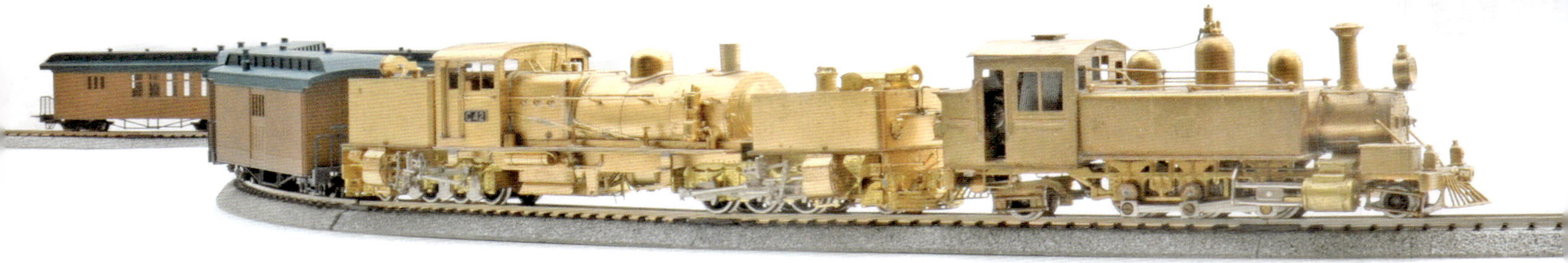

真鍮で精密につくられた「ブラスモデル」は、日本の花形輸出製品として、カメラや時計などとともに世界中で人気を集めたものだ。その製品にパフィング・ビリイ鉄道の機関車があった。1/87、9mm ゲージの線路を走る。NA 型と G42 との重連列車を再現した。訪豪の折りにもこのモデルを持参、実物の機関車と並べても撮影して、ひとつの夢を果たしたのだった。

かくして、この 2 輌の模型を携えてオーストラリアに旅立った。普通は、実物を見た感動で、その模型をつくったり購入したりするものだが、逆に模型の機関車がもとになって、その実物を見にいこう、というわけである。「エッセンスを求めて旅に出る」と、またしても記事にさせてもらった。

で、クライマックスは実物の上に模型を載せて撮影する、密かな愉しみを実行したのである。

「狭軌鉄道」というだけあって、標軌の模型が 16.5mm ゲージで走るところ、それと同じ縮尺で、9mm 幅の線路を走る。「HO ナロウ」というものである。

帰ってから、9mm の線路を敷いて、パフィング・ビリイ鉄道を再現したような列車写真を撮った。NA 型とガーラット式との重連。それに長い客車を牽かせた写真は、実際にパフィング・ビリイ鉄道で列車を追掛け、写真を撮ったり取材してきたエッセンスを模型に反影させたものだ。

本当ならば、線路の両側に森をつくって、さらにはティンバー・トレッスルまで再現すれば格好よいのだろうが、残念ながらそこまでのパワーもなく、いまはこの写真で満足している、という次第だ。

ブレコン・
マウンテン鉄道
もうひとつの Baldwin

オーストラリア、パフィング・ビリイ鉄道の蒸気機関車が、いかにもボールドウィンらしさを備えたタンク機関車であるのに対し、ボールドウィン・スタイルのテンダ機関車が走っている鉄道がある。米国本土のボールドウィンは、それはそれでご当地というような感覚があるが、英国で出遇ったボールドウィンが忘れられない。例によって冬季は走らないが、「いまも見られる蒸気機関車」「世界の狭軌鉄道」のひとつである。

それはブレコン・マウンテン鉄道という狭軌保存鉄道。英国ウェールズ州、カーディフの北約 30km、ブレコン・ビーコンズ国立公園の南端に位置するパント～トルペンタウ間、5 マイル（8km）ほどの線路である。

もともとはマーサ・ティドヴィル（Merthyr Tydfil）から国立公園を縦貫してブレコンに至る標軌の鉄道、ブレコン・マーサ鉄道があった。マーサ・ティドヴィルといえば、リチャード・トレヴィシックが世界初の蒸気機関車を走らせたところとして知られる街で、その碑も残る。そう、パフィング・ビリイの語源たる機関車発祥の地でもあるのだ。

1859 年に開通したブレコン・マーサ鉄道が 1964 年に廃線となり、その道床を利用して敷かれた線路がブレコン・マウンテン鉄道。1995 年に一部が開通し、その後 2014 年にトルペンタウまで開通している。

そして、ここで使用されているのがボールドウィン社製の機関車。主力として働いている 2 号機は、もと南アフリカのポート・エリザヴェスにあるセメント工場で働いていた 1930 年、BLW 社製造番号 61269。そう、この鉄道は 1 フィート 11½ インチ（597mm）とも 1 フィート 11¾ インチ（603mm）とも記述されているが、基本的に南アフリカ鉄道、600mm ゲージを英国流にインチに直したもの、と考えていい。

二軸の外側台枠の先台車と一軸の従台車を持つ 2C1 という軸配置は珍しいが、大きめのテンダーを持つ全体のプロポーションは紛れもない、ボールドウィン機関車。木造のカブースまで連結して走るシーンは、アメリカンな雰囲気に溢れるものであった。

BRECON MOUNTAIN RAILWAY
2

2
2

2C1という珍しい軸配置のボールドウィン製機関車。1930年に製造されて南アフリカのセメント工場で使用されたのち、英国にやってきた。1993年から5年掛かりでレストレイションされ、みごとに甦った。後方に見える機関庫兼工場の中ではさらになん輌かのボールドウィンがレストレイション途上にあった。

３～４輌の客車＋カブースを牽いて 8km ほどの線路を往復する。終点のトルペンタウは大きな貯水池の脇にあり、しばし乗客は景色を楽しみながら散策したりして、時間を過ごす。帰りはバック運転で走る。機関車はアウトサイド・フレームで、長いテンダーの後方にもカウキャッチャーが付けられている。

2
BRECON MOUNTAIN RAILWAY

線路は低い山並みが連なるブレコン・ビーコンズ国立公園のなかを走る。帰路はバック運転で、山裾の築堤をゆっくりと走るシーンはしっとりと美しい。冬期と運休日を除き日に３～４往復運転される。詳しくは http://www.bmr.wales/

2
2

PBRの魅力
（あとがきに代えて）

陽気で愉しい蒸機鉄道、それが「パフィング・ビリイ鉄道」の第一印象であった。オーストラリア、メルボルン市街から１時間ほど走った郊外、空港から駆けつけて最初に見た光景は、とても楽し気なものであった。見ているわれわれも思わず微笑んでニコニコしてしまうような。２月、寒い寒い東京からやってきて、真夏の太陽ギラギラがそう感じさせてくれたのかもしれない。それは蒸気機関車の牽く長い客車、そこに鈴なりの乗客が乗っているシーン。みんな笑顔、歓声が聞こえてくるような情景であった。

しかし、蒸気機関車の牽く列車、まるでひとつのエンターテインメントのようにそれを本当に楽しんでいる風は、パフィング・ビリイ鉄道をして、「世界一の保存鉄道」といわしめるだけのことはある。すっかり嬉しくなって、沿線を走り回った。その撮影行は、われわれにとっても楽しい旅として記憶に残っている、というものだ。

それにしても、小生にとっての狭軌鉄道、蒸気機関車というのはいつもどこかに悲壮感がつきまとっていた。蒸気機関車も狭軌鉄道（日本流にいえは軽便鉄道）もわが国ではとおに全盛期を過ぎた存在であった。この姿が見られるのもこれが最後かもしれない、そんな気持で懸命にフィルムに焼き付けようとしたものだ。軽便鉄道にしても、ほとんど交通機関としての役を終えたような姿で、いくつかが辛うじて残っていたような状況。

もうひと時代遡れば、それこそ地方の交通機関として、また温泉地や寺社参詣などの足として、個性的な小さな鉄道がいくつも存在していた。小さな蒸気機関車は早くに気動車に置き換わってはいたが、車庫の隅で残されていたりして、ああ、動いている姿を見たかった、と時間の流れを幾度となく恨めしく思ったものだ。

そんな経験をしているだけに、この陽気で愉しい蒸機鉄道は文句なく魅力的であった。主役として働いている蒸気機関車、永遠に姿をとどめていそうな、少なくともこの先なん年で消えてしまうのだろうといった不安など微塵もない蒸気機関車シーンは、こんなにも楽しいものなのだろうか。

もちろんその楽しさは、一般のひとや若者にも新鮮なものとして受け容れられるはずだ。それかあらぬか、わが国の旅行社でのオプショナル・ツアーも数多く組まれているようだから、まずはメルボルン訪問のいち日をパフィング・ビリイ鉄道に割いてみることをお勧めする。この楽しい蒸機列車を経験することで、現役として走る蒸気機関車の息づかい、わが国の軽便鉄道にも通じる狭軌鉄道の面白さに触れるきっかけになれば、と願う次第だ。それは鉄道の持つ大きな魅力のひとつを発見することでもある。

もちろん、わが国の蒸気機関車シーン、軽便鉄道シーンを悲壮感とともに見送ったご同輩にも、ぜひとも訪れて欲しい。永遠に蒸気機関車は走っている、そう予感させてくれるパフィング・ビリイ鉄道は「天国」のように思えたりするのではないだろうか。働く蒸気機関車が、わが国にも多く存在したボールドウィン、それも典型的なプロポーションの持ち主であることも嬉しいことのひとつ。

パフィング・ビリイ鉄道は保存鉄道にはちがいないが、かつての姿をそのまま鉄道全体で保存しているかのようで、それも好もしいこととして銘記しておきたい。通常はボールドウィン・スタイルのタンク機関車が走り、ときにガーラット式機関車が加わる。ほかに、いくつかの機関車（小型のサドル・タンク機やクライマックス機、さらにはレストレイション途上のもと南アフリカ鉄道のガーラット機など）があって、イヴェントなどでは運転されたりするようだが、基本的には普段の鉄道情景が素晴らしい。

客車も20世紀初頭につくられた古典客車をはじめとして、どれもが蒸機列車に相応しいスタイルの持ち主。鉄道全体がいい雰囲気で統一されているのがいい。

残念なことに、例の「足ぶらぶら乗り」がいまは禁止になった、というニューズもあるが、それを含め、運転時刻や現状はHPで確認されたい。

● http://puffingbilly.com.au/en/

そんな「天国」のようなパフィング・ビリイ鉄道を一冊にまとめる作業は、とてつもなく楽しくうれしい作業であった。

世界は広い。われわれの大好きな蒸気機関車が活躍するシーンは、まだまだ残されている。本書を趣味生活の刺激、きっかけにしていただけたら幸いである。末尾になってしまったが、本書実現にあたり大きな力添えをいただいたメディアパル、小宮秀之さんはじめ皆さんに謝意を表して結びとしたい。

2018年初夏　　　　　いのうえ・こーいち

著者プロフィール

■ いのうえ・こーいち　(Koichi-INOUYE)

岡山県生まれ、東京育ち。幼少の頃よりのりものに大きな興味を持ち、鉄道は趣味として楽しみつつ、クルマ雑誌、書籍の制作を中心に執筆活動、撮影活動をつづける。近年は鉄道関係の著作も多く、月刊「鉄道模型趣味」誌に連載中。主な著作に「C62 2 ファイナル」「図説電気機関車全史」(メディアパル)、「図説蒸気機関車全史」(JTB パブリッシング)、「名車を生む力」(二玄社)、「ぼくの好きな時代、ぼくの好きなクルマたち」「C 62 ／団塊の蒸気機関車」(エイ出版)、「フェラーリ、macchina della quadro」(ソニー・マガジンズ)など多数。また、週刊「C62 をつくる」「D51 をつくる」(デアゴスティーニ) の制作、「世界の名車」、「ハーレーダビッドソン完全大図鑑」(講談社) の翻訳も手がける。

株) いのうえ事務所、日本写真家協会、日本写真作家協会会員。

連絡先：mail@ 趣味人 .com

著者近影

クレジット；p023、p048、p059、p062、p065、p071、p077、p103 など、写真の一部は同行したイノウエアキコ撮影。

世界の狭軌鉄道 03

パフィング・ビリイ鉄道

発行日　2018 年 7 月 1 日
初版第 1 刷発行

著　者　いのうえ・こーいち
発行人　小宮秀之
発行所　株式会社メディアパル
〒 162-0813　東京都新宿区東五軒町 6-21
TEL 03-5261-1171
FAX 03-3235-4645

印刷・製本　図書印刷株式会社

ISBN　978-4-8021-1023-5　C0065